日々、
センスを磨く
暮らし方

奥村くみ
Kumi Okumura

どう暮らしているかは、その人のオーラにつながる

すてきな人に出会ったとき、
魅力的だと感じるのはなぜでしょう？
ルックス？　ファッションセンス？
でも、それだけでしょうか。
人は、ただ立っているだけでも
毎日の暮らしぶりさえも、
透けて見せてしまうものです。
なにを選び、なにと過ごし、
どんな心持ちで暮らしているか。
実際に見せることはなくても、間違いなく、
その人のオーラをつくっています。

衣・食・住、美の視点をたくさん持つと世界が広がる

洋服、食べること、器、ワイン……。
なにかに特化して極めるのは、
もちろん、ピュアで意義深いこと。
でも、なにか〝だけ〟は、人の視野を狭めます。
特化できていると思っていることさえも、
バランスを欠く結果になりがちです。
暮らしのセンスは、すべてが
密接にからみ合って、つながっています。
だから、偏らずに
多くの美の視点を持つことを意識すると
世界はどんどん広がります。

Contents

はじめに

インテリアからアートの世界に飛び込んで十数年。
予想以上に、アートとふつうの暮らしが遠いことを思い知る日々でした。
アートは特別な人だけのものではなく、もっと身近なものだと
感じていただくためにはどうしたらいいのか?
試行錯誤していたときに思いついたのが、
アートのある暮らしについて、自ら発信することでした。
トライアルとしてはじめたのが、
衣・食・住を含めた私の暮らしぶりをブログに綴ることであり、
「アートでおもてなし」をテーマに自宅サロンを開催することでした。
衣・食・住、ライフスタイル全般にこだわる人は増えています。
それなら延長上にある、アートの魅力もお伝えできるはず。
そんな思いからのスタートでした。
私のブログや自宅サロンをきっかけに、
アートが身近になったと言っていただく機会も増え、

雑誌でアートと暮らしに関する連載を持つこともできました。
そして、今回はライフスタイルの書籍をつくる機会にも恵まれました。
アート関連だけでなく、私の暮らし全般を紹介するという書籍は、
正直おこがましく、荷が重く、
また、私の伝えたいことの本筋ではないのでは?とも考えました。
でも、ブログをはじめたとき同様、ライフスタイルをきっかけに
アートへの興味の扉を開けていただけるのは、とてもうれしいこと。
そう思って出版の決意をしました。
〝アートオタク〟にはなるのではなく、
衣・食・住・アート、どれもバランスよく興味を持ちながら、
日々のセンスを磨き続けたいと願っている
一アートアドバイザーである私の暮らしぶりをご紹介します。

——奥村くみ

衣・食・住の最後の順番のせいか、
後回しにされがちな、“住”のこと。
でも日々、いちばん長く過ごすのが、家。
ここで心持ち豊かに暮らすことは、
人のなかに静かに蓄積され、
内面から私たちを育ててくれます。

Chapter 1.

「住」

LIVE:

人を老けさせないのは、変化できる家

LIVE:

ファッションだけでなくインテリアにも流行があります。この素材が流行ったのは何年前。このデザインはもう20年近く前といった具合に。私はアートアドバイザーになる以前、インテリアコーディネーターとして長年働いてきました。だから、この雰囲気は、何年くらい前に流行ったものだということがわかります。そして、家を建てたとき、マンションを買ったときにインテリアを整えて以来、なにもアップデートしていない、時代が止まったままの家というのも、残念ながら多いように感じます。

30代、40代と歳を重ねたのに、20代の頃のメイクのままという女性がいたら……。その方は、若々しく見えるでしょうか？　痛々しかったり、若づくりな感じがかえって老けてみえたり。そんなことはないでしょうか。暮らしの舞台である家も、実は同じです。最初にインテリアを整えて以来、なにもアップデートしていない家は、年齢を重ねたのに、20代のメイクのままでいるのと変わりません。人を老けさせる家になってしまうのです。

とはいっても、家具を買い替えたり、壁紙やカーテンを新調したりと、インテリアを頻繁に更新することは不可能です。でも、花を飾り、ディスプレイを変える。こういうアップデートはいつでもできます。小さなアップデートを繰り返すことで、流行とは関係のない次元で、住まい手と同じように歳を重ね、年月を経たことでの魅力が増す家になります。

インテリアコーディネーターだった頃の私は、インテリアに3割ほどの余白をもって施主様に引き渡しをすることを自分の役目だと考えていました。はじめから完璧にしてしまうと変化に対応できない住まいになるからです。引き渡し後は、施主様が年齢を重ねながら、好みを少しずつ変遷させ、徐々に変化させていっていただきたい、そう願っていました。

翻って、わが家を考えると、この家を建てた18年前、私は〝ホワイトキューブ〟を意識しました。ホワイトキューブとは、アートを展示するギャラリーなど、真っ白な立方体のような空間のこと。中に置いたもの、展示したものを、主役として美しく見せる場所です。当時はアートを仕事にするなんて、微塵も考えていませんでしたが、はからずもアートが映える空間と同じコンセプトで家を建てていたようです。

でも、考えてみれば、それは当然。家もギャラリーと同じで、家自体がすてきであることよりも、そこに住まう人、置いたもの、飾ったものを魅力的に見せてくれる場所であることがいちばん。そうしたニュートラルな空間をベースに、インテリアを小さくでもアップデートしていけば、そこに住む人を老けさせない家になるのです。

STOP
THE
TIME

家のアップデートこそがアンチエイジング

「家をしょって歩いて人に見せるわけじゃないから、インテリアは多少流行遅れでもいい」なんて、どうかおっしゃらないで。どんな空間に住んでいるかは、人にいちいち見せて歩かなくても、必ず、その人のオーラにあらわれると私は思っています。

アップデートされていない空間に暮らし続けていると、やっぱりその人のオーラもアップデートされません。何年も同じインテリアのしつらいの中に暮らしていると、本人は気がついていなくても、空気はよどみます。そんな家に住んでいると、どんなに完璧なおしゃれをしても古臭いオーラが出てしまうもの。そして結果的に私たちを老けさせるのです。

私は、アートを仕事にしていますし、なによりアートが好きです。だから、アートを季節や気分に応じて、違う場所に移動させたり、いったんしまったりということをよくします。そのたびに飾り方を真剣に考え、よりよく見せるために試行錯誤。すると、自然にほかのインテリアアイテムやグリーンを足したり引いたりしながら、ものを動かし、置き方を変えることになります。たとえ小さな変化であったとしても、この繰り返しによって、空間がアップデートされていきます。結果、そこに住む人のオーラも老けない。そう信じています。

Candida Höfer - On Kawara

断捨離よりも簡単な〝変なもの〟をなくす

LIVE:

世の中、シンプル暮らしや、ものの少ない暮らしなどがもてはやされているので、多かれ少なかれ、断捨離せねばと思っている人も多いと思います。かくいう私も、〝人生の棚卸し〟と称して、ものの見直しをしたことがありました。とはいえ、断捨離は、時間も気力も体力もいる作業。なかなかできないという人も多いのではないでしょうか？　その時間や気力を捻出することができず、もやもやした空間で暮らしている方におすすめしたいのが、〝変なもの〟をなくすという考え方です。断捨離よりもずっと簡単で、空間を今の自分に合ったものに更新できます。

変なものとは、なんでしょう？　一つ目は、自分の〝好き〟というフィルターを通っていないもの。人にいただいたものが、該当することが多いです。もちろん、自分のことをよく知っている方から、自分に合っているものをいただいたなら、大丈夫です。でも、自分のセンスに合っていないいただきものは、変なものと認定。無理して使ったり飾ったりすることで、空間を曇らせてしまう存在になってしまうので、まずはここから見直します。

次に、過去には輝いていたけれど、今は、〝賞味期限〟が過ぎているもの。食品のように明らかに腐ったりダメになったりはしないので、ものの賞味期限には目をつぶってしまいがち。でも、今、輝いていないものは、変なものです。色があせたり、ほこりをかぶっていたりするガーリーなフォトフレームやプリザーブドフラワーなどが、代表例。長いこと楽しんだのですから、賞味期限が過ぎたものは、もう、変なものの候補と考えていいと思います。

便利だからという理由だけで妥協して買い、持ち続けているもの、使い続けているものも、変なもの。好きじゃないのに、なんとなく持ち続けているものです。それが必要なら、同じ用途で自分のセンスのフィルターでも納得するものに買い替えるか、いつも目にしなくてもいい場所に収納するなどして、目の前から〝なくす〟ことにします。

そして、最後に、一度は自分の好きのフィルターを通り、好きだと思って手に入れたのに、今はもう、好きという感情が持てずにいるもの。相変わらず、そのまま使い続けたり飾ったりしているのは、自分の気持ちに目をつぶっているだけ。本当は、ご自分でも、きっとわかっているはずです。

こういう〝変なもの〟がその空間にひとつもないということが、心地よく洗練された住まいをつくるうえで実はとても重要なことなのです。すぐに捨てる必要はありません。まずはリビングなど整えたい場所から、変なものを見えなくするだけで、空間は変わります。

整えることは大切。〝その先〟がもっと大切

お化粧崩れをした顔のまま、ベースを整えずファンデーションやシャドーを重ねたら……。また崩れていくだけで、美しくありませんよね？

LIVE:

それはインテリアでも同じで、やはりベースを整えるところからはじめなければなりません。ごちゃごちゃに、ごちゃごちゃを重ねても、インテリアのセンスは磨かれていかないのです。だから、最初の一歩は、やっぱり整えるところから。前ページで述べたように、〝変なもの〟をなくすところからスタートすることが大切です。

よく、インテリアについての話をしているのに、収納下手だから、片付けが苦手だからと、なんだか、整える話ばかりに終始してしまうと感じるときがあります。

整えることは大切です。私自身も雑誌や本で、すっきりしたインテリアを実現されている方、ミニマリストのお宅を見て、刺激を受けることはあります。気持ちがいい暮らしぶりだとも感じますが、だれもが、「ものを減らし、すっきり暮らしをすることがゴール！」となってしまうのは、不自然な気もするのです。もちろん、すっきり、清々しい暮らしがゴールという人もいらっしゃると思います。でも、私にとっては、整えたその先に、どう暮らした

いのか、どんな風に暮らしのセンスアップをしたいのか、のほうが大切です。

〝変なもの〟をなくし、リセットをしたその先にこそ、人の個性があらわれます。だから、そこからが勝負なんです。

私は、凛とした空気感の中で、アートや自分好みの家具、調度品といっしょに暮らしていたいと思っています。整えることは、あくまでも、そのためのベースづくりです。整ったベースの〝その先〟について思いを巡らせ、イメージを描くことさえできれば、整えることも、もっと積極的に取り組めるようになります。

ただ、漠然と「すっきりした暮らしがしたい」と思っているだけのときはやる気が出なかったのに、「すてきなアートに囲まれる暮らしをする！」「アートの映える空間を手に入れる！」とその先を思い描けば、がぜんやる気も生まれ、部屋も整ってくるのではないでしょうか？　私はアートのある暮らしを提唱しているので、つい例がアートになりますが、それぞれの〝その先〟を思い浮かべてくださいね。

ちなみに、「整ってからアートを買うわ」という方には、「そんなのを待っていたら一生買えません。アートを飾ったら、まわりを整えたくなりますから、先に１枚！」と提案しています。アートを飾ることは、暮らしを整えることにも役立ってくれます。

ローテーブルの上は自分のセンスを磨く場所

LIVE:

わが家ではリビングの真ん中にローテーブルを置いています。ここは私がディスプレイを楽しみながら、自分のセンスを磨く場所です。どうしたら、すてきに見えるかを考えて頻繁にものを動かし、少しずつアップデートしています。

日本の昔の家には床の間があり、季節に合わせてお軸を替え、花を活け替え、器を取り替えていました。そうすることで空気がよどまず、ほこりもたまりません。そんな清々しい雰囲気の中でしつらえを楽しんでいたのだと思います。でも、床の間のない現代生活では同じようにするのは難しいので、私はテーブルの上を飾るようになりました。つねにお気に入りを見ていたいというのと、ティーセットなどをのせることもある場所なので、ものを動かすことが必然になり、空気がよどまないからです。

ここを飾ることは、ものの見せ方を学ぶ訓練になります。いつも目に飛び込んでくる場所ですし、さまざまな方向から見るので、「引き」の目線を養うことにもつながります。部屋全体の模様替えは頻繁にはできないけれど、テーブルの上なら簡単。ものの高低差、色や素材の合わせ方、そんなことに気を配ることで少しずつ自分のセンスが磨かれると感じます。

Candida Höfer · On Kawara
HÄUSER DES LICHTS
AXEL VERVOORDT

インテリアには必ずアートを！

LIVE:

インテリアコーディネーター時代、モデルルームを担当することが何度となくありました。

インテリアの内装を整え、家具を揃え、雑貨を飾れば、それなりには見えます。でも、なにかが足りない。そんな場所にアートを飾るだけで、空間が劇的に変わります。10個のインテリアアイテムより、ひとつのアートのほうが、空間を激変させ、洗練させる。どんなに雑貨にこだわっても、アートがもたらす力には、とうていかないません。そのことに気がついたから、整えることの〝その先〟として、私はアートと暮らすことを選びました。

先日、わが家のリフォームを行ったとき、飾っているアートを全部はずす必要がありました。すると、魂が抜けた家のようになってしまったのです。アートが取り払われた空間の、なんと味気ないことか。また、アートアドバイザーとして活動する私は、ファーストピースをお届けに、さまざまなお客様のお宅に伺うことがあります。いっしょに場所を相談し、飾るという体験を何度も繰り返しているのですが、最初の1枚が家に入ったときの、空間の変容ぶりといったら！「家の格が上がったわ」とおっしゃってくださった方もいるほどで、一度飾ったら、どのお客様もアートのない暮らしには戻れないとおっしゃいます。

わが家のアートをご紹介。
上は、リビングに飾った
横溝美由紀氏の作品。
わが家には〝色〟はあまりない
のですが、アートは別。
作品ひとつで空気が変わります。
下は、洗面所に飾った
レベッカ・ソルタ氏の作品。
お客様も使う場所なので、
もてなしの気持ちをあらわすのに
ぴったりの場所です。
小さな作品を水まわりにも飾ることを
いつもおすすめしています。

アートと暮らせば、人も住まいも自然に美しくなる

LIVE:

アートが劇的に空間を変えるというのは、家にアートを入れた瞬間から感じることです。アートはひとつあれば、空間が〝決まる〟ので、ほかのインテリアグッズはなくてもいいと思わせてくれる力があります。

今は、買いやすい価格で、それなりにすてきなインテリアグッズはたくさんあります。それらを置けば、空間をそれなりに洗練させて見せることも可能かもしれません。でも、そういうグッズは、人の内面にまで作用してくれることはないと思います。

私は、衣・食・住、つまり生活全体のセンスを磨き、美意識を高めたいと、若い頃からずっと願い、努力もしてきました。もちろん、まだまだその途上です。だれに命令されたわけでもないですが、たぶん、これからも一生、自分のセンスを磨く旅を続けると思います。そんな旅の途中で、私は、アートに出会いました。そして、アートを自分の家に飾り、いっしょに暮らすうち、アートには、人の美意識を高める力があるのだと気がつきました。アートがあると、プラスのスパイラルがつながっていくのです。

アートを飾ると、まず、そのまわりをアートにふさわしい空間にしたくなります。つまり、

まわりをしつらえていくことへの感度が高まり、実際に整えたくなります。最初はアートのまわりだけだったとしても、それは徐々に広い空間へと意識が向くことにつながり、最終的には、住まい全体が自然と美しくなっていきます。

住まいだけではありません。アートと暮らすことは、人となりにも作用します。このアートと暮らすにふさわしい人でありたいという気持ちが芽生えたり、アートをきっかけに知的好奇心が広がったり。そんな思いの重なりが自分磨きにつながり、その人自身のオーラになっていきます。私に会うと「オーラないじゃない?」と言われてしまいそうで怖いですが、アートと暮らす友人、知人、お客様は、アートと暮らすようになってから、変わられたと感じることが多いです。やっぱり内側からオーラを発しているのだと思います。そう考えると、人生を豊かにすることへの投資なのですから、アートは決して高価ではないのです。

衣・食・住・アートが揃ってはじめて、アールドヴィーヴル(生活の美)が完成します。アートは同列にあると思っています。でも、アートだけに詳しい〝アートオタク〟にはなりたくありません。なぜなら、私自身、ファッションだけ、食べることだけにしか興味がない人にはあまり関心がもてないから。だから、つねに、衣・食・住・アート、すべてにアンテナを広げて、バランスよく暮らしのなかで興味を掘り下げていきたいと思っています。

階段の壁に飾ったのは、たちばなひろし氏の3連作品。
階段は1日に何度も行き来する場所なので、アートを飾る絶好の場所です。
上から下からと眺める方向が変わるので、どちらからもバランスのよい位置を探します。

田幡浩一氏の作品を玄関に。ギャラリーのDMに採用されていたこの作品に一目惚れ。
DMをしばらくデスク前に貼っていたほどで、最終的に本物を迎えました。
モチーフが春らしいので、春を迎える前に飾る絵として今後は登場しそうです。

家に連れて帰りたくなるアートに出会える

ギャラリー案内

MA2Gallery

エムエーツーギャラリー

海外アートシーンをよく知る女性ギャラリストがセレクトする、洗練された美しい作品。自然光の入る、明るく気持ちいい空間で静かにアートと対峙できます。

住所：東京都渋谷区恵比寿3-3-8
営業時間：12:00-19:00　定休日：日・月・祝
TEL：03-3444-1133
HP：http://www.ma2gallery.com

Taguchi Fine Art

タグチファインアート

初めは間違って訪ねてしまったギャラリーながら、アートのセレクトに一目惚れ。どの展示でも、上質で正統派の現代アートに出会えるので、安心して人にすすめられます。

住所：東京都中央区日本橋本町2-6-13 山三ビルB1F
営業時間：13:00-19:00　定休日：日・月・祝
※それ以外は要予約　TEL：03-5652-3660
HP：http://www.taguchifineart.com

HAGIWARA PROJECTS

ハギワラプロジェクツ

エッジのきいたものから、オーソドックスなアートまで、国内外問わず、紹介してくれるギャラリー。小ぶりな作品も比較的多く、アート初心者も臆することなく、訪ねられます。

住所：東京都新宿区西新宿3-18-2 サンビューハイツ新宿101
営業時間：火-土/11:00-19:00、日/12:00-17:00
定休日：月・祝　TEL：03-6300-5881
HP：http://www.hagiwaraprojects.com

どんなギャラリーに行けばいいのかわからない、そんな方のために
数あるお気に入りの中から、初心者にも入りやすく、
でも、上質で洗練されたアートが見つかるギャラリーをご紹介します。

Yutaka Kikutake Gallery

ユタカキクタケギャラリー

アート散歩が楽しい、東京・六本木のギャラリー密集エリアにある1軒。気の張るギャラリーが多いなか、立ち寄りやすい雰囲気で、それでいて質の高いアート作品に出会えます。

住所：東京都港区六本木6-6-9 2F
営業時間：12:00-18:00　定休日：日・月・祝
TEL：03-6447-0500
HP：http://www.ykggallery.com/

ART OFFICE OZASA / ozasakyoto

オザサキョウト

京都という地で磨かれた、審美眼のあるギャラリストによって紹介される作品はいつも見ごたえがあります。美術館級のアートもある一方、気鋭の作家との出会いの場にもなります。

住所：京都市上京区竪門前町414西陣産業会館 207（西陣織会館　西館）営業時間：11:00-18:00
定休日：日・月・祝　TEL：075-417-4041
HP：http://www.artozasa.com

eN arts

エン アーツ

photo by Tomas Svab © Katsuyuki Shirako

京都・八坂神社のそばにあるとは思えない静謐なギャラリー空間は京都散策の折に是非立ち寄りたい。若い作家の作品も多く、ファーストピースに出会えるかも。

住所：京都市東山区祇園町北側円山公園内八坂神社北側
営業時間：企画展開催期間（各展示約1ヶ月間）中の
金・土・日　12:00-18:00　TEL：075-525-2355
HP：http://www.en-arts.com

インテリアは私らしさにこだわる

LIVE:

わが家を訪れた方に、「奥村さんらしい家ね」「やっぱりくみさんっぽいわ〜」と言っていただくのが最上の喜びです。〝私らしい〟は、なによりの褒め言葉だと思っています。

過去に5百軒ほどのインテリアコーディネートを担当してきました。そんななかお客様から、「床はこんな素材、壁紙はあんなデザイン」「○○スタイルがいい」など、こだわりたいこととして、たくさんの言葉を聞きました。でも、その後の様子を拝見すると、歳を重ねるうち、こだわりたいことは、ひとりの人間の中でも変わっていくものだと気がつきました。

それは私も同じです。結婚した当初は、クラシックなデザインの家具をお嫁入り家具として持ってきました。家を建てることになったときは、少しモダンなテイストを取り入れたい気分でしたので、クラシックな家具とも合うことを重視したうえで、そういう家具を選択。好みの変遷はあるものですから、ひとつの型にしばられることなく、ミックスさせればいいと思っています。そのほうがその人らしさが出るというもの。結果的に、わが家は〝ちょっと甘めのクラシックモダン〟という言葉で集約できる空間になりましたが、それは後づけ。○○スタイルではなく、私らしい空間になっていることが、いちばん大切だと思っています。

etcetera
Sibella Court
bathrooms
colours
Dinner Parties

アイアンのコンソールテーブル

小家具は、空間をアップデートにするのにぴったりの存在。

パン屋で使われていたという鉄板にアイアンの脚を付けたコンソールは大阪の「credenza」で購入。

グリーンを飾ってソファの後ろに置くと、空間にリズムが生まれます。

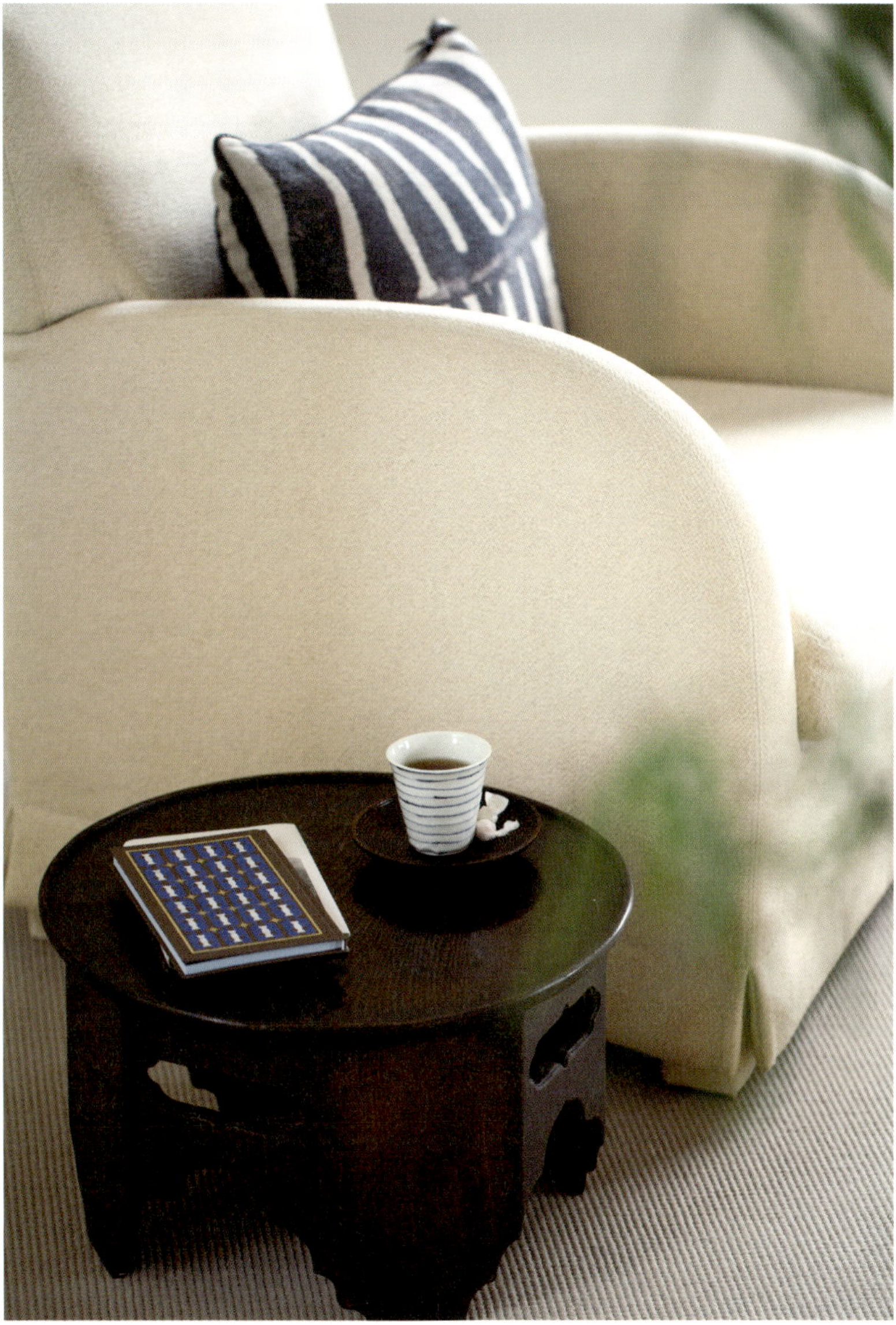

骨董スタイルのサイドテーブル

ユニークな家具は、ミックステイストの接着剤になってくれるだけでなく、
住み手の個性が出る部分でもあります。私は、古木を使って、
リデザインされた李朝風の膳をサイドテーブルにしました（京都の「天平堂」で購入）。

ダイニングの白のコーナー

白なら、まわりにどんなアートも置けるので、自然と白のコーナーが完成しました。

その後は、ここは白にすると決めて、コーナーづくりを楽しんでいます。

テーブルスタンドライトは、「マルタン・マルジェラ」のもの。日本酒の瓶を再利用しているそう。

白のキャンドルホルダーは古橋治人氏、ガラスのキャンドルホルダーは「メゾン ドゥ ファミーユ」のもの。

鉄瓶スタイルの
ティーポット

鉄瓶を模したティーポット。
デザインは大好きなのですが
お茶を入れると重すぎて
私には使いこなせず……。
お蔵入りさせてしまうのは
もったいなくて花器にしました。
黒のおかげでしまり、庭で
摘んだ葉っぱもいい感じに。

青木良太氏の
ミルクピッチャー

〝見立て〟は、
日本古来の文化。
私も専用品にはこだわらず、
似合うなら、元の用途は
気にせずに使います。
ラインがきれいな
ミルクピッチャーは花器に。
白に花が映えます。

富井貴志氏のお重

お重というと、年に一度、お正月に使うものとしてしまいこみがちですが、
せっかくのすてきなものがもったいないので、わが家では日常づかいをしています。
手巻き寿司のときの具を入れるなど食卓でだけでなく、お菓子や薬などの収納にも。

キッチンカウンターの上

いつも、大きな木製のトレイを置いているキッチンカウンターの上。
そのままでインテリアアイテムとしても愛でつつ、
季節のフルーツなどを入れておく場所としても使っています。

クリデンザの上

ダイニングのクリデンザ（サイドボード）の上には、川端健夫氏のトレイを置き、
季節や気分に合わせてしつらいを変えています。トレイひとつで〝床の間感覚〟。
左はお正月に飾る麻の玉飾り、右はアメリカの醸造所で蒸留酒を入れるのに使われていたというボトル。

LIVE:

住まいを洗練させる、引きの視点

いろいろなお宅にお邪魔することが多い私ですが、いつも気になっていることがあります。

ひとつひとつはすてきなものを選んでいるのに、に、全体で見るとちぐはぐだったり、棚の上のディスプレイは決まっているのに、遠くから遠くから見るとバランスが悪かったりするという現象。これは、引きの視点が足りなくて、部屋の一部だけや、ものだけを見ているから起こることです。

私はアートを飾り替えるときに、そのまわりにあるものを動かすことが多いのですが、そのつど、できるだけ下がって、全体でどう見えるかを意識して確認します。いつも、この繰り返しです。ものを置いたら、一度、そこから離れて空間全体の中でどう見えるかを意識する。たったこれだけのことですが、住まいは変わり、洗練されていきます。

雑誌で「もてなしのアート」という連載をしていたことがあります。その撮影をするとき、カメラマン、編集者といっしょに、どうしたらよりすてきに見えるかを話し合いながら、何度も後ろに下がって、引きで見るということを繰り返しながら、ものを動かしていました。

するとき、ちょっとのことで雰囲気が大きく変わるのです。この経験からも、「ものを置く位置と向きに気を配りながら、引きの視点を持つこと」で空間が洗練されるのだと改めて学びました。プロが複数集まっても、そうやって微調整しながら空間をつくり上げるわけですから、自宅でひとりで行うなら、なおさら、その意識は大切です。

家全体は難しくても、いくつか決めた場所だけでも、完璧にしようと考えると住まいは変わります。わが家では、「玄関扉を開けて家に入ったときの風景」「自分が立つキッチンから見える風景」「リビングからダイニングを見たときの風景」、この3カ所の視点を、とくに意識しています。できるだけ引いて見て、バランスがいいかをいつも気にかけています。

この引きの視点を持つと、小さいものを飾るより、大きいものを飾ったほうが〝決まる〟ということに気がつきます。小さいものを飾るとなかなかインテリアが決まらず、自分にはセンスがないと思ってしまいますが、大きいものを取り入れると決まるので自信がつきます。小さいもののほうが気楽だし、簡単だから失敗しないという考え自体が失敗で、大小でどちらを買うか迷ったら、私は大きいほうを選ぶようにしています。「狭いから小さいものを選ぶ」というのも間違いで、小さいものをいくつか置くより、大きいものをひとつのほうが、そのインパクトのおかげで部屋が広く見える効果があります。だから、まず、はじめに大きいものを置き、引きの空間の中に主役をつくることから、私ははじめています。

この風景は完璧に！
わが家の3カ所の視点

玄関扉を開けて
家に入ったときの風景

帰宅したときに真っ先に目に入る大切な風景。
今回は奥のイングリット・ヴェーバー氏の絵画を
主役にコーディネートしました。
引いて見たときに絵画が2つ並ぶよりも
立体と合わせたほうが相性がよかったので、
中川佳宣氏の立体作品を手前に飾っています。

自分が立つキッチンから見える風景

毎日、長い時間見ている風景なので、この視点も重要視。写真ではわかりませんが、
窓の外に広がる自然の緑を、室内の大きなグリーンが中へつなげる役割をしてくれています。

リビングからダイニングを見たときの風景

手前の左側の壁に、西村盛雄氏の立体作品がなかったら、この空間の魅力は半減。

引きの視点を持つからこそ、手前の壁にもアートがあったほうがいいということに気がつきます。

あたたかな〝HOME〟をつくるグリーン

LIVE:

インテリアコーディネーターとして、モデルハウスを担当するたび、最後にインテリアを決めるものとしてアートの存在感に圧倒されました。そして、もうひとつ、重要なものがあることに気がついたのです。それが、グリーン、つまり植物です。グリーンが住まいにもたらす、清々しさ、いきいきした雰囲気は、やはりなにものにもかえがたいと思います。ただの建築物であったHOUSEを、人の住むあたたかなHOMEに変えるためには、グリーンは不可欠です。

わが家は、奈良の南部、明日香村のそばにあります。都会とは違って緑に囲まれて暮らしています。どの窓からも豊かな自然を臨めるように設計してもらっていますが、だからといって、家の中に緑はいらないということにはならず、窓の外の自然と家の中をつなげたいと感じます。家と外を分断させたくないのです。だから、グリーンを住まいのあちこちに置くのは、中と外をつなげる役割を担ってもらう意味合いもあります。

最近は、フェイクのグリーンも精巧になってきています。もしかしたら、その選択もありなのかもしれません。でも、私は生きている本物のグリーンと暮らしたいと思います。本物のアートが心に作用してくれるように、本物のグリーンも生きているから、いとおしいのです。

生きているものですから、水やりを含め、ケアが大変ですし、場合によっては元気がなくなってハラハラさせられることもあります。でも、そういう手をかけるからこそ、置きっ放しにならず、動かすことにもつながります。動かせば、空気はよどみませんし、空間が停滞しません。フェイクは飾ったら飾りっぱなしにしてしまいがち。すると、ほこりもたまるし、その場所だけ、時間が止まってしまう気がします。つねに暮らしをアップデートしていたいと考えているから、変化のある本物のグリーンが好きなのかもしれません。

とはいえ、グリーンに関しては専門外。選ぶときは、葉っぱの形や枝ぶりを見て、インスピレーションでということが多いです。共通項は、空気が通るような余白を感じる植物でしょうか。それから、プロの力も借りています。P94でもご紹介している植物ショップを見つけて以来、育て方、選定方法、おすすめの植物などのアドバイスをしてもらっています。好みを理解してくれるプロを身近に見つけておくことは、インテリアに限らず、センスを磨くコツです。

ギャラリーではなく、自宅でアートを楽しむ喜びのひとつは、ほかのものとのかけ合わせ。グリーンはアートと相性がよく、アートを身近に感じさせてくれる存在でもあります。

ソファ横に置いた植物は、フランスゴム。枝ぶりが気に入っています。
グリーンは台にのせて飾ると、小さめのものでも存在感がアップします。

玄関にはふたつの小さな窓が並んでいるのですが、ここからも庭のグリーンが臨めます。
そのグリーンを中に呼び込んでくれるような働きをしてくれているのは、ギロカルプス・ジャクイニー。

LIVE:

自分をさびさせないために いつも花を飾る

花や枝もの、葉っぱを飾ることは私の日常の中に当たり前にあります。振り返ってみると花を頻繁に日常に飾るようになったのは、結婚をし、生まれ育った神戸から、ここ奈良へ引っ越してきたことがきっかけだと思います。

奈良は自然豊かで気が良く、のんびりしていて、この地から得られる魅力はとても多いです。大好きな環境で、今ではとてもいとおしく思っています。でも、引っ越してきた当時は、少し歩くだけでたくさんの美的な刺激のある神戸との違いに、「センスを磨くことができない！　このままでは、私はさびてしまう」と、不安になってしまったんです。そして、そのときに思いついたのが、花を飾ることでした。

花なら、自分ひとりでも自宅でも、センスを磨くことができるからと、フラワーアレンジメントの先生のところにも通い、真剣に向き合いました。フラワーアレンジメントは、たくさんの花を使って組み合わせながら、ひとつの作品をつくりあげていくもの。花材を組み合わせながら、色や形など、全体のバランスを考えます。その積み重ねは、ものを見る訓練になるので、花を活け続けることで、センスをさびさせない力をもらった気がしています。感性のステップアップには、花を活けることは本当に役立ちます。

当時、私が活けていたお花は〝もりもり〟した豪華なもの。センスを磨く訓練にはとてもよかったのですが、その後、アートにどっぷりはまった今の私は、そこまで立派なアレンジメントをわが家に飾る必要性を感じていません。とはいえ、やっぱり花は無条件によいものですし、心の贅沢だと思います。なにより、今度は花だけではなく、アートとの組み合わせを考えることで、またセンスが磨かれます。アートだけより、花とアートのほうが、より空間に厚みも生まれます。

というわけで、最近の私はナチュラルに花を飾るようになりました。アートを凌駕するような派手なものではなく、アートと花が互いに引き立て合うよう、さりげなくが、今の気分です。特別な花を買うこともほぼありません。近くにある農産物販売所の花コーナーからちょっとがんばって見つけてくる自分好みの花だったり、庭で育っている植物から葉っぱを少し拝借してきたり。行きつけのお花屋さんで買うときもシンプルな花ばかりですが、アートとのかけ合わせのおかげか、すてきな空気感をつくってくれています。

グリーン同様、生きている花が好きなので、ドライフラワーやプリザーブドフラワーは飾りません。いつかは枯れるからこそ、美しく感じますし、その場の空気を停滞させません。

玄関に飾った絵画の下には、花を飾って〝受け〟にすると、アートも花もセンスよく見えます。
この花もそんな気持ちで活けたもの。花器は岡田直人氏の作品。膳は京都の「天平堂」で購入。

骨董の大鉢をひとりがけソファの横に置いている李朝風の膳にのせて。
こちらも庭の木からいただいてきた葉を活けただけですが、清涼感を呼んでくれます。

トレイを使って小さいものを大きく飾る

LIVE:

インテリアにかごを取り入れることは、多くの方が推奨されています。私も10代の頃からかごが好き。今も住まいのあちこちで活用していて、かごの有用性には大賛成の立場です。でも、かごと同じくらいインテリアアイテムとして活躍するうえ、実用的なアイテムであるにもかかわらず、トレイはフォーカスを当てられることが少ないと思っています。

わが家では、かごと同じくらいトレイが活躍しています。トレイはインテリアに幅をもたせてくれるアイテムです。P41でも触れていますが、私はインテリアに迷ったら、小さいものより大きいものを選ぶようにしています。小さいものがごちゃごちゃ並ぶと、どこか垢抜けない印象になるからです。大きいもののほうがインテリアをバシッと決めてくれます。でも、小さいもので飾りたいもの、愛着のあるものもあります。そんなときに役立つのがトレイです。バラバラに飾るとごちゃごちゃと見えてしまう小さなものも、集めてトレイにのせるだけで、あら、不思議、それだけで決まります。トレイという大きな枠でものを捉えることになるせいか、小さいものを大きく見せる効果があるのです。

日本には昔から壁ではなく、床で空間を仕切る文化がありました。緋毛氈《ひもうせん》を敷くとそこだけちょっと特別な空間になりますし、空間にラグを敷くと引き締まります。トレイは、その縮小版という考え方です。

ほかにも、サイドボードの上にトレイをのせて、そこにお正月のしつらえをする、花を飾るなどということもします。家具の上に直接飾るより、ちょっと特別な場を用意した雰囲気になり、飾ったものが映えます。

クリスマスが近づいたら、シルバーのトレイに白いキャンドルを並べて、クリスマスっぽさを演出することもあります。バラバラに置くよりもぐっと垢抜けて見えます。リビングにトレイを置いて洋書を重ね、ディスプレイ兼収納場所にしていることも。キッチンカウンターの上に置いたトレイは、すっかり到来物のフルーツの指定席になりました。

もちろん、茶器などを持ち運ぶための、お盆としての本来の機能もあります。ガラス板がセットになっているトレイをひとつ持っているのですが、おもてなしのときに、フィンガーフードをのせるととても華やいだ雰囲気になります。

P42や、P50〜51に出てくる花を飾っているお膳もトレイの一種といえるかもしれません。やっぱり、上に飾ったものの格を上げてくれている存在です。

白いキャンドルをシルバーのトレイにひとまとめにして、大人のクリスマスを演出。
キャンドルは本物と気軽なLEDのものと併用するのが奥村流です。

海外で買ってきたおみやげ。どこで買ったかさえ覚えていないほどですが、思い出のもの。
飾って楽しみたいので、トレイにのせて大きく見えるようにしています。

日々のセンスの磨き方

LIVE:

アートを楽しむためのインテリアセミナーなどを開催しているせいか、ときどき「どうやったらセンスを磨けるの？」とのご相談を受けることがあります。私は、自分のまわりにあるすべてのものに、センスを磨くためのヒントがあると思っています。だから、きれいなものをたくさん見ることを大切にしています。あちこち出歩けないから、そんなチャンスがないなんて、今の時代には言い訳でしかありません。インスタグラムなどを覗けば、海外の実際のお宅のインテリアまでも、センスのいい、上質なものがいくらでも見つかります。インテリアだけでなく、ファッションだって、料理だって、そうです。

そうやって、すてきなもの、センスのいいもの、上質なものを、ひたすら見る。私のセンス磨きは、ここからでした。そして、真似をする。20代の頃の私は、雑誌のパリの暮らしの特集などを見て、その人の感性が好きだと思ったら、真似するところからはじめていました。そんな風に真似をしたいと思うような、憧れの人を見つけるのもセンスを磨くコツかもしれません。

どこかに出かけたときにも、センスを磨くヒントはあちこちに隠れています。私はしょっちゅう都会でランチというわけには行かない場所に住んでいますから、チャンスがあるときは、空間全体のしつらい、調度品や器の選び方、料理の盛り付けなど、なんでも、よく見るようにしています。そう思えば、一回のランチに行くだけでも多くの学びがあります。そして、いいなと思えば、「この盛り付けを真似してみよう」と、家で試してみることも。自分で楽しむ限りにおいては、センスは盗み放題で、だれにも咎められるものではありません。そういう繰り返しで、感性は磨かれると信じています。

逆に、なんでもかんでも、受け入れることはしません。おしゃれでセンスのいいとされている場所でも、「なんで、これとこれを合わせるの?」と思うこともあります。そういう自分なりの厳しい目を持つこともじつは大事だと私は考えていて、漠然とものを見ないことにつながります。「ありとあらゆることにこだわっているのに、なぜ壁にアートがないの?」とじれったい気持ちを抱くこともよくあります。

都会の洗練された場所でなくても、美的感性を刺激してくれるものはたくさんあります。田舎道を運転していて、きれいな光がグリーンに射し込んでいる美しさに魅了されたり、私が住む街には古い日本家屋も多いのですが、そのディテールにはっとさせられたり。美しいものに気がつく感度を意識して上げることでも、センスは磨かれます。

考え方が元気になるから朝の時間が好き

LIVE:

田舎暮らしで自然が近いからか、夜に出歩く場所がないせいなのか、田舎に住むようになってから、太陽とともに起きるような生活になりました。つまり早起き。今では季節を問わず5時くらいに目覚めます。

起きたら、まず湯を沸かし、レモン入りのお湯を飲むのが習慣です。白湯にレモンをぎゅっと搾って入れるといい感じにさっぱりするので、気に入っています。そうして体をゆっくり起こし、その後、窓を開けて空気の入れ替え。空気がこもってよどんでいると感じるのがとにかく好きではないので、冬でも、まずは、どこかの窓を必ず開けます。

それからはメールのチェックをしたり、ヨガで習ったストレッチをしたり。仕事やライフスタディになりつつあるフランス語の勉強も少々。朝食は8時くらいからと遅めなので、起きてしばらくは自分だけの時間です。

朝型生活になったのは、体が自然になのですが、朝はポジティブになれるというのも続く大きな理由。「なんかもうだめかも～」と、夜に落ち込んでいたことも、朝なら「大丈夫！」と肯定できるなど、考え方が元気になるので、朝の時間を大切にしています。

部屋に清々しい空気をもたらすのはディフューザーではなく、お香

LIVE:

香りは住まいの印象を大きく左右します。私は長らく、スティックをさして香りを楽しむリードディフューザーを愛用していました。お気に入りの香りがあったので、まめにスティックの上下を入れ替えて、香りの調整をしながら楽しんでいたのです。でも、あるとき、ふと、なんだか、香りがいつまでもとどまっている感じが私好みではない気がしてしまい、使うのをやめました。

今使っているのは、以前からディフューザーとも併用していたお香だけ。毎日ではないですが、掃除の後や来客の前に焚くようにしています。お香は、焚いた後にふんわりとだけ香りが残る感じが心地よく、やさしい香りなのに凛とした空気感をつくってくれるところが好きです。置きっ放しにするものではなく、そのつど焚くものなので、気持ちのリセットができたり、改まった空気感を生み出せたりするのも魅力です。人様のお宅でも、お店でも旅館でも、お香は、訪れる人のためにタイミングを合わせて焚くもの。だから、清々しいですし、ありがたいと感じます。もちろん空気の停滞感はゼロ。以前に泊まった旅館ですてきな香りだなと思って以来、「薫明堂」の「つきのわ」の香りが心地よくて、何度もリピート中です。

理想は、空気まで掃除する

LIVE:

すでに何度も書いていますが、空気がよどむ感じが苦手な私。同居していた祖母が徹底した掃除好きで、子どもの頃は、「空気まで掃除したのでは？」と感じていたほどで、そんな清々しさが好きでした。だから、空気をよどませたくないと思うようになったのかもしれません。私もできるだけ掃除はこまめに、空気を停滞させないように意識しています。

私の掃除のコンセプトは、ためないこと。わざわざ時間を決めて掃除をするというより、気がついたときにちょこちょこ。だから、すぐ掃除に取りかかれるよう、あちこちにお気入りの掃除道具を置いています。おしゃれなブラシやほうきなら、しまいこなくても大丈夫なので、掃除を後回しにせずにすみます。コードレスのスティック型の掃除機は「マキタ」のものを愛用していて、リビングと同じフロアにある家事室にスタンバイさせているので、これも、気になったときに、すぐ手に取れます。

浴室や、手が届きにくく危険な窓は、プロのお掃除サービスも利用しています。自分でやるのとは違い、膜が1枚はがれたかのように美しくなるので、プロはすごいと思わされます。困ったら、その道のプロを頼るという選択は、掃除でもやっぱり有効です。

掃除道具の愛用の品

右上：「レデッカー」の卓上ブラシは、
毛に腰があって、テーブルクロスに
つまりがちな細かいパンくずなどの
掃除に重宝しています。
キッチンに置いた
かごの中にいつも入れているので
気がついたときにすぐ手に取れます。
上：羊毛のはたきは、リビングの扉の
取っ手にかけています。
ここにあるから、すぐに手に取れ、
ディスプレイしたものや、
アートのフレームにほこりをためずにすみ、
空気を停滞させません。
下：玄関には、ベルギー製の
スマートダストパンセットを。
モダンな雰囲気のシンプルデザインが
わが家に合うので、出しっぱなしでも大丈夫。

Column

見せたくない生活のあれこれは上手にしまう

生活に必要なものは、できるだけ見せてもいやじゃないデザインを選びますが、

すべては無理なので、箱やかごも使って、見せずに、でも使いやすく収納。

01

リビングのテーブルの下には
ふたつきのかごを置いて

爪切り、リモコン、ハンドクリーム。
マッサージボールや、ペンも。
リビングでくつろぐときに、
必要になるものは、このかごに。
生活感は隠せるけれど、ちゃんと便利。

02

アートを飾る棚にも
雑多なものを隠す

アートを飾ったり、
洋書を収納したりする棚（P33参照）に
ふたつきのボックスをひとつ。
光熱費の明細や領収書など、
紙ものを入れておく避難場所です。

03

冷蔵庫の上にも
ぽいっと、しまえる場所を

冷蔵庫の上には、浅いかごを置き、
プラスチック製の保存容器を
ぽいぽいっと、入れています。
軽いものなので、高い位置で問題なく、
ふたがないので、むれません。

04

リネン類は、
クリデンザの引き出しに

ダイニングにあるクリデンザは
嫁入り道具のひとつでした。
賃貸暮らしのときは、食器棚として、
今は、リネン庫として使用中。
ペーパーナプキン、クロスなどを収納。

05

シルバー磨きは
かごにひとまとめ

トレイやカトラリー、アクセサリーなどは、
シルバーのものを愛用しています。
ときどき磨く必要があるので、
やる気になったら、すぐ取りかかれるよう
ウエスと銀器磨き液をひとつのかごに。

Chapter 2.

「食」

EAT:

人は食べるものでできている。
よく聞く言葉です。
きちんと育てられ、届けられたものを
適切に調理し、食卓をしかるべく整える。
そして、おいしく気持ちよく、食べる。
そのことが人のオーラにも作用します。

EAT:

出しておくもの、しまうもの。私なりのキッチンのルール

18年前に家を建てたときにつくったキッチンは、コの字型。広すぎず、狭すぎず、ひとりで料理するにはちょうどよいです。キッチンもほかの場所同様、ニュートラルな空間にしたいと思い、システムキッチンの扉も、壁のタイルも白。汚れが目立ったほうがこまめに掃除ができると考えたのも選択理由のひとつです。

キッチンはなんでも使いやすいように出しておく人、逆にすべてをしまう人と分かれますが、私は中間派。料理のたびに使うキッチンツールはピッチャーなどに立てて、コンロのそばに。どれも、出してあってもいやじゃないもの、色がうるさくないものを選んでいるので、空間をごちゃごちゃ見せません。一方でトースターや、わが家では週に数回使うだけの炊飯器、この二つは出しっぱなしにせず、使うときだけ、出すようにしています。鍋やグリルパンだと考えれば、出し入れするのもふつうのこと。とくに苦ではありません。

インテリアコーディネーター時代は、お客様から、全部、中に収納したいというリクエストをよくされましたが、毎回使うものを全部しまうのは、なかなかハードルが高く、出しっぱなしになる様子も見てきました。結局は、メリハリが大事だと思っています。

右：作り付けにしたカップボードの中に
すべての食器とカトラリーを収納。
パントリーを別に設けていないので、
ストック食材もここ（左のかごの中）。
よく使うものを腰高×目線の位置にする
という鉄則通り、右側の棚の真ん中に、
1軍の食器を収納しています。
トースターは使うときだけ出し入れ。
左：キッチンに立っているときに
窓から緑が覗けるのは幸せなこと。
奈良の自然の豊かさを楽しみ、
リラックスの時間をもらいます。
下：日々使う折敷やトレイはかごの中に。
しまいこまず、出し入れしやすく。
キッチンに飾るアートは、
食にまつわるものがいいと思い、
田中朝子氏の野菜モチーフの作品を。

食卓にはいつもテーブルクロスを

EAT:

わが家のダイニングテーブルにはいつもテーブルクロスをかけています。そのほうが、クラシックなクリデンザ（サイドボード）と、モダンで重厚なダイニングテーブルを置いたわが家のインテリアにしっくりくるから。クロスを1枚かけるだけで、全体に調和をもたらしてくれるうえ、空間の雰囲気がやわらぐと感じ、欠かせない習慣になりました。

クロスは、柄ものは使わず、麻など、上質感のある無地のものを選びます。どれも、オフホワイト、ベージュ、黒など、シックでニュートラルな色です。食事のときは、折敷やトレイを敷くのがつねなので、心配するほど、日々汚れるということはありません。ここ数年は、質感や見た目は麻そのものなのに、しっかり水をはじく加工が施してある、「ヒムラ」のテーブルクロスを愛用しています。以前はワインなどをこぼしたら即洗う必要がありましたが、このクロスなら水拭きができるので大丈夫。ふだんのお手入れもブラシをささっとかける程度。少々のことでは汚れないので、洗濯に追われることもなく、とても気楽です。

テーブルクロスはサイズが小さいと垢抜けない雰囲気になるので、テーブルをしっかり覆い、25センチほどクロスが垂れる状態になるよう、サイズオーダーしています。

季節がわかる〝マルシェ〟で野菜を調達

EAT:

イタリアのトスカーナ地方をもじって、私が暮らしている奈良県・明日香村界隈のことを「アスカーナ地方」と呼んで楽しんでいます。自然に囲まれていて、食材が豊か。そんなイメージのあるトスカーナ地方ですが、わがアスカーナ地方もひけをとりません。明日香村界隈の野菜のおいしさは格別です。

私の日々の買い物は、〝マルシェ〟で野菜を選ぶところからはじまります。マルシェと言っても、私が勝手にそう名付けているだけで、実態は農産物の直売所です。でも、フランスのマルシェと同じように、近隣の農家のとれたて野菜がずらりと並ぶわけですから、マルシェそのもの。もちろん、旬のものばかりです。おかげで、すごく意識しなくても、わが家の食卓に並ぶのは、季節の野菜だけ。自然と地産地消にもなり、贅沢だと感じます。

まずはここで野菜を買い、その後スーパーや百貨店で肉や魚を調達します。つまりわが家の献立は野菜の顔を見て決めているということ。野菜の力のおかげでシンプルな調理でも料理がおいしくなり、大助かりです。農家さんがちょっとお試しで育てているようなヨーロッパ野菜が並ぶことも多く、ますますマルシェ気分が味わえ、食卓が豊かになります。

シンプル至上の、おうちごはん派

EAT:

田舎に引っ越してきてから、季節のものを食べることがあたりまえになりました。〝マルシェ〟では、夏が終わればきゅうりはほとんど並びませんし、夏に白菜を手に取ることもできません。ご近所の方からお野菜のいただきものをすることも多いのですが、もちろん旬のものばかりです。都会にはすばらしいスーパーや商店がありますが、この環境の贅沢さはやっぱり代え難いもの。もともと都会育ちだからこそ、よりありがたく感じます。旬のものは、体が自然と欲しているもの。だから、気をてらったことはあまりせずに、日々の食卓は素材のおいしさを生かしてシンプルに料理するというのが、私の食卓へのこだわりです。

レストランで食べるのも好きですが、断然おうちごはん派。食に対していろいろうるさい夫と外食して、文句を聞くより、自分が料理したほうが気がラクというのもあるかもしれません。最近、いい出会いがあったので、今さらのようにまた料理教室に通っています。そして必ず、家で再現します。流行っている料理があれば、自分で想像しながら作ってみることも。基本は、ほっとするようなシンプルな和食が多めですが、あまり外食しない代わりに、ときどき、そうやっておうちごはんにバリエーションを加えるようにしています。

食べることの風景

パリ在住の方の帰国時の料理教室で習った
かにとトマトの冷製カッペリーニ。
すぐ自宅で再現するのが、奥村流。

日曜日のランチ。重いものが続くと
和朝食をイメージしたランチでリセット。
ごはんをしっかり食べるのは昼だけ。

疲れると、なぜか作りたくなる餃子。
にんにくなしで、野菜をたっぷり。
干ししいたけをアクセントにきかせます。

バターナッツをマルシェで発見。
スープはしっかり野菜がとれるので好き。
クミンをアクセントに香り豊かに。

インスタグラムにときどきアップするわが家の食卓風景。
シンプルに、でも、たまにはバリエーションをつけて楽しく。

グルメバーガーが流行っているときに
作ってみたハンバーガー。
家だからこそ、かぶりつきでも大丈夫。

ミニトマトをあちこちからいただき、
ドライトマトを作ったので、
たっぷり使ってアクアパッツァに。

いつものシンプル和食は、こんな感じ。
煮魚に季節の野菜という組み合わせ。
夕食のときの白ごはんはちょっぴりです。

20代の頃に通った仏家庭料理の学校。
そこで習った、パン屋さん風ポークソテー。
うん十年前ですが、今もリピート。

器はたくさんなくてもいい

器好きの方々から見たら、私はあまり器は持っていないほうだと思います。洋食器は結婚当初に買った、白い食器を使い続けています。「ニッコー」のもので、業務用のようにシンプル。料理をおいしく見せるためだけに存在するという潔い風情が好きです。柄やレリーフが入っている洋食器にはあまり惹かれなかったので、手を出しませんでした。

白い食器は、肉や魚のメインなどを盛るミートプレート、スープや汁気のある料理用に深さのあるパスタプレート、ケーキやサラダ用にパンプレートの3種だけ。これだけあれば、どんな洋風料理もまかなえます。シッティングでのおもてなしは自分たちを入れて6人までと決めているので、各6枚ずつ。20年以上使っていますが、1枚も割れず、ずっと現役です。

一方、和食器は、ときどき買い足しています。洋食器では避けている柄ものも、ブルー系のものに限ってはあり。こちらはセット買いはせず、2枚ずつ。夫婦ふたりのときは2枚あればいいですし、おもてなしのときも和食器なら二人ずつ互い違いになっているのも逆に目新しく感じます。器も大好きだから器のギャラリーにも伺いますが、テーブルまわりだけに偏らず、インテリア、アート、すべてとバランスよくつきあっていきたいと思っています。

富井貴志氏の木工作品

木工というと無骨なものも多いですが、富井氏の作品は、繊細で洗練されているところに惹かれます。菓子切りが驚くほど使いやすく、とくにお気に入り。

竹内紘三氏の陶芸作品

凛とした白が美しく、イマジネーションが自由に広がる器です。和に洋に、麻婆豆腐を盛って中国料理にと、活躍しています。

艸田《くさだ》正樹氏のガラス作品

大きさ、ボリュームがほどよく、料理にインスパイアをくれる存在です。
朝のヨーグルトは必ずこれで。焼きなす、トマトのマリネなどの料理も盛ります。

宮岡麻衣子氏の染付作品

器は無地がほとんどですが、少しだけ柄を楽しみたくて選んだもの。
仰々しくなく、ふだんの食卓で使えます。おひたしや、小鉢ものなどを。

アートを主役にすれば、簡単なおもてなしでも十分

アートをより身近に感じていただくためにはどうしたらいいのかを考え、一時期、「アートでおもてなし」というテーマで、わが家でサロン形式のレッスンをしていたことがあります。レッスンというより、食事をしながら、アートに関する会話を楽しむような会。そのときに私がしていたのは、本当にシンプルなテーブルコーディネートです。洋食器は白しかありませんし、ナプキンを立体に畳むなんてこともしません。お花も仰々しくない程度。でも、それで十分だと思っています。

なぜならアートが主役になるから。わが家のダイニングに座れば、いくつかのアートが目に入ります。すると、アートを発端に会話がはじまるので、自然に知的で洗練された大人の時間になっていきます。噂話や人様の悪口などとは無縁。なにより楽しい時間になります。

凝った料理やテーブルコーディネートは、レストランで楽しめばいいもの。自宅でのおもてなしにとっていちばんなのは、楽しくて洗練された会話が弾むことです。そのためには、テーブルの上はシンプルにして、アートをひとつ、どこかに。アートのある空間の居心地のよさを体験すると、ゴージャスで凝ったしつらいは不要ということに気がつきます。

アペロにすれば
もっと気楽なおもてなし

フランス人は、アペリティフだけの
おもてなしをすることも多いそう。
そんな通称アペロを採用すれば、
買ってきたものを切って
組み合わせるだけでいいから気楽です。
泡をいただきながら、心地よい時間に。

やりすぎ感をなくして、
あたたかみのあるおもてなし

「メゾン ドゥ ファミーユ」で購入した
ラタンのアンダープレートに
ミート皿、パスタ皿を重ねて、
ナプキンをのせるだけ。
布は気後れする人も多いので
ペーパーナプキンを使うときも。

買ってきた焼き菓子とフルーツでティータイム

お菓子は、大変だから焼きません。
旬のフルーツと手づくりジャムといっしょに
盛り合わせれば、市販の焼き菓子も
おもてなしに遜色ない雰囲気に。
レストランに出かけたときに、
盛り付けのセンスを盗んできます。

大皿盛りを真ん中に。取り分ける形式のおもてなし

仲良しのご夫妻を家に招く。
そんなときは、もう気兼ねなく
取り分ける形式を採用。
日本の作家の皿は2枚ずつ
なので、互い違いに並べます。
動きが出て、揃いよりかえって印象的。

キッチンまわりの実用品も〝わたし好み〟を探す

EAT:

左の写真は、キッチンでヘビーに使う実用品です。このセレクトを見たら、私のことをよく知っている人は「奥村さんらしい」と言ってくれると思います。それくらい実用品も、〝わたし好み〟探しは怠りません。日々使うものというのは、結局、毎日見て、触るもの。アートに囲まれた上質なインテリアを目指しているのに、毎日、いちばんつきあう実用品はなんでもよし、というわけにはいきません。

麻ふきんは、奈良の「岡井麻布商店」のもの。色は特注です。というのは、もちろん嘘ですが、それくらい〝わたし好み〟の色合いです。渋々でいいなと思って手に取りました。最初はパリッとはりがありますが、実際使っていくとくったり手になじみます。ボーダーのクロスは、「リネン&デコール」のもの。これも色合いのシックさに惚れています。さらっと気持ちいいのが魅力。料理教室に持って行き、エプロンにひっかけて使うことも。そういうときも、実用品が私の雰囲気に合っているとうれしいなと思います。そしてスポンジは、「亀の子束子西尾商店」が近年開発したもの。求めていた色が見つかって、柔らかすぎない硬さも好き。スポンジもようやく〝わたし好み〟を見つけることができました。

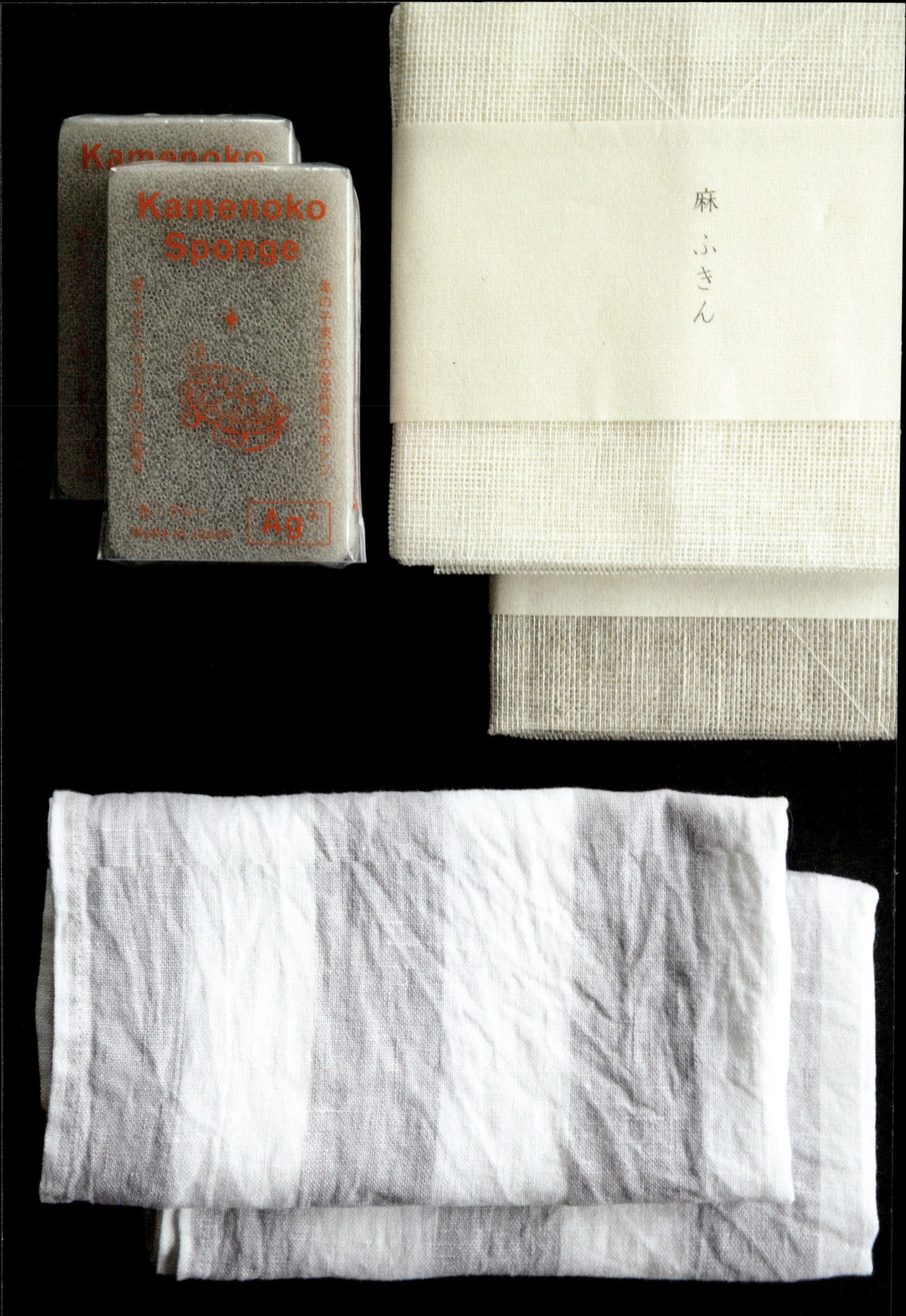
Kamenoko Sponge
色：グレー
Made in Japan
Ag+
麻 ふきん

おいしい調味料でいつもの料理の底上げを

EAT:

料理はシンプルを基本にしているので。ベースを底上げしてくれる基本の調味料は大切な存在です。私は料理家ではありませんし、アートやインテリアと違って語れるほど調味料のことを食べ比べてきたわけではありません。でも、そのときどきの出会いで、私はこれが好きという調味料の定番も決まってきました。

長いつきあいになるのは、「九重味淋」の本みりんです。まろやかな味わいに惹かれ、以来20年、これ一筋。煮物の仕上げに入れると味がぴたりと決まります。オリーブオイルは、夫が見つけてきたもの。ワイン好きなら「サッシカイア」はいつだってうれしいイタリアワインですが、オーナーの自家農園のオリーブで作られるオイルです。ミーハー心で試したら、風味が豊かでお気に入りに。サラダやパスタの最後にかけるだけで上質な一皿になります。「ノルマンディー・マヨネーズ」は、輸入販売されている方のブログで知り、取り寄せたらおいしくてはまりました。マスタードのきいた無添加マヨネーズで、卵サンドを作ると、その実力がわかります。「だしが良くでる宗田節」は、しょうゆに漬けるだけで、だししょうゆのでき上がり。だしを使わないきんぴらなどに使うと、味がしまります。

TENUTA SAN GUIDO
OLIO
ココノエ
お米だけでつくった
だし醤油の素
宗田節
だしが良くでる

私の定番のおもたせ

私がおもたせにするのは、おいしいのはもちろん、包装も含め、ヴィジュアル的な美しさのあるもの。ここでもやっぱり〝わたし好み〟を追求します。お礼やごあいさつなのですから、私らしさを感じさせるもののほうが、気持ちがより伝わると思っています。

「餅匠しづく」は、フランボワーズ大福がお気に入り。でもおもたせには、皮の香ばしさがすばらしい最中を。モダンな店内には現代アートも。

「TSUJIMURA」の葛菓子。なんてきれい！と手に取りました。吉野葛ならではの口どけのよさと、5種類の砂糖によって表現される色合いがたまりません。

すっかり関西の手土産の定番になった「ダニエル」のカヌレ。小さくつまみやすく、人数がわからないときの差し入れにぴったり。パッケージも大好き。

落雁を彷彿とさせる、ホロホロ食感の、伊勢の「サトナカ」のクッキー。伊勢神宮にゆかりある材料で作られ、縁起のよさを感じます。お近づきの印に差し上げます。

Daniel
MOCHISHO SHIZUKU
餅匠しづく
そして、訪れ
visiting
TSUJIMURA

お気に入りの

奈良SHOPアドレス

奈良町宿　紀寺の家

Kidera no ie

奈良の町家に暮らすように滞在できる、心地のいい宿。おかもちで運ばれてくる朝食は素材のよさを生かした薄味仕上げで、玄米ごはんも美味。奈良の新たな宝と感じます。

住所：奈良県奈良市紀寺町779
営業時間：9:00-21:00（電話受付時間）
定休日：不定休 ※HP参照
TEL：0742-25-5500　HP：http://machiyado.com

植物屋　風草木

Fuu sou boku

オープン前から気になり、初日に行ってしまったほど。わが家のグリーンのような、インテリア映えする、かっこいい植物が見つかるだけでなく、知識も豊富で頼りにしています。

住所：奈良県橿原市葛本町734-2
営業時間：9:30-日没前後　定休日：3と9のつく日
TEL：0744-25-6578
HP：http://www.geocities.jp/fuusouboku

陶屋なづな

Nazuna

器のことをいろいろ教わっている器屋さん。ご自宅ショップなので、伺うとお茶を出していただくことも多いのですが、そのあしらいの仕方ひとつもすてきでヒントをもらいます。

住所：奈良県北葛城郡広陵町馬見北9-2-6
営業時間：11：00-17：00　定休日：日・月・火
TEL：0745-55-9117
HP：http://www5.kcn.ne.jp/～naduna/

京都や神戸などに隠れて地味な印象がある奈良ですが、
全国レベルにひけをとらないすてきなお店もいろいろあります。
奈良旅の参考に、お気に入りのアドレスをご紹介。

アコルドゥ

akordu

東大寺旧境内跡地というロケーション抜群のレストラン。食通が全国から集まるのも当然の、抜きん出たおいしさ。シェフの真摯な姿勢と、料理の美しさにも魅了されています。

住所：奈良県奈良市水門町70-1-3-1
営業時間：12:00-13:00（L.O）15:30Close
18:00-19.00（L.O）22:30 Close　定休日：月曜日（不定休あり）
TEL：0742-77-2525　HP：http://www.akordu.com

ラ・フォルム ド エテルニテ

la forme d'eternite

大阪にあったときに伺っていたフレンチレストランが、偶然にも奈良に移転。クオリティはそのままに、カジュアルになりました。奈良のおいしい野菜を生かした料理が魅力です。

住所：奈良県奈良市花芝町7-2 1F
営業時間：12:00-13:00（最終入店） 15:00Close
18:00-21:00（FOOD L.O）定休日：月・第1、3日曜日
TEL：0742-20-6933　HP：http://www.restaurant-eternite.com

萬御菓子誂處 樫舎

Kashiya

風情のある奈良町界隈にある和菓子屋さん。季節の上生菓子は、どれもきれいで品があり、美しさと味を両立するセンスのよさに惹かれます。大人気のかき氷も好きです。

住所：奈良県奈良市中院町22-3
営業時間：9:00-18:00　定休日：なし
TEL：0742-22-8899
HP：http://www.kasiya.jp

「衣」

Chapter 3.

FASHION:

自分がどう見えるかに直結するから、
気合いと見栄と自意識と……
さまざまな想いが交錯するのが
〝衣〟というテーマ。
どう生きていくかの表現でもあるので、
自分の内面を映し出します。

洋服はグローバルスタンダードで

FASHION:

洋服を選ぶときや、コーディネートをするとき、必ず意識していることがあります。それは、

この服装で海外の空港を歩いていても浮かないかどうかという視点。頻繁に海外に行くわけではありませんが、その意識だけはいつも持つようにしています。

海外の空港は、いろいろな国の人、あらゆるタイプの人が行き交う場所です。日本にいると、日本の流行や日本人の価値観だけに流されがちになります。でも、日本の流行のまま、一歩、海外に出ると浮いてしまうことが往々にしてあります。だからグローバルスタンダードを意識するようになりました。この視点を持っていると、洋服のお買い物のときに冷静な判断ができるようにもなります。究極の引きの視点といえるかもしれません。

左の写真は、実際に私が海外旅行をするときに持って行く洋服のイメージです。グレーと黒のニット、グレーのワンピース、黒のパンツ、革ジャンとGジャン、ストール。日本でも海外でも雰囲気はほぼ変わりません。ちょっと少数精鋭にしただけ。これくらいの量でも、ちゃんとおしゃれが楽しめ、旅先で浮かないコーディネートができるので、ふだんの1シーズンのワードローブも理想はスーツケース1個分だということに気がつかされます。

NIKE

着るのではなく、着こなす

洋服をただ〝着る〟のではなく、〝着こなす〟ことができる人でありたいと思っています。年齢を重ね、一度大きく洋服を整理して手放してからは、洋服を買うこと自体よりも、着こなすことへの興味のほうが強くなってきました。たとえ洋服の数が少なくても、1枚1枚に合った着こなしができている人こそが本物のおしゃれだと考えるようになったからです。

たくさんの洋服を持ち、とっかえひっかえしていた頃の私は、〝おしゃれ好き〟ではあったのでしょうが、〝おしゃれ〟ではなかったのだと思います。闇雲に洋服の数ばかりを増やしていると、着こなすことができる域に達しないままに、次へ、次へという感じになり、まさに、ただ〝着る〟というだけになっていました。

今は、〝着こなす〟という本物のおしゃれを目指して、いつも試行錯誤しています。その1枚にふさわしい、そして自分に似合う着こなしを探りながら、全身鏡の前で日々研究。洋服の棚卸しをして数を減らしたことで、ひとつひとつとちゃんと向き合うことができ、着こなすことに時間がかけられるようになりました。役に立つのは、インテリア同様、引きの視点。衣・食・住・アート、どれもベースの考え方は同じなんだと鏡を見ながら教えられています。

洋服はおしみなく着る

「この洋服は高価だったから、ちょっと特別なときに着よう」と思うことって多いですよね。私もそうでした。でも、洋服の大整理をしたときに、ほとんど着ていないのにかかわらず、もう流行遅れで着られないか、今の自分に似合わない。そんな洋服をいくつも見つけ、悔しい気持ちになりました。そして、高いものだからこそ、たくさん着ないともったいないのだと考えを180度転換させました。

以来、どんなに高くても洋服はおしみなく着ることにしています。モードな人ではなくても、大きな流行の流れにはのっているものです。流行のサイクルは年々早くなり、10年も同じ服を着るなんて、無理な時代になってきました。流行だけでなく、10年経てば、似合う服も変わります。それなら、次の流行が押し寄せる前に、今の自分にちゃんと似合ううちに、どんどん着る。たまにしか着ないで10年もたせても、最後のほうはなんだか自信をもって着られないはず。逆にたくさん着て、たとえ2年でくたびれてしまったとしても、今の気分に合っている状態で、気持ちよく、たくさん着られたなら満足という考え方です。数を減らして、1枚1枚をおしみなくたくさん着る。そして、着倒した分は次の洋服へと買い替える。そのほうがいつも、今にふさわしい洋服を着られ、もったいなくありません。

理想は、いつも同じ格好をしている印象を与えること

わが家を私らしい空間だと言われるのがうれしいのと同じで、ファッションも「くみさんらしい」と言われるのがいちばんの褒め言葉です。人に安心感を与えることにもつながっている気がします。私の仕事は、アートをお客様におすすめして買っていただくこと。この人はこういう人だと、安心感をもっていただくのは重要なことです。

若いころは、いろいろなスタイルのもの、いろいろな服を着なければというプレッシャーがあったのかもしれません。でも、そこから解放されていい年齢になりました。今の自分に似合うスタイルはそう多くはないから、私らしい格好には、それほどバリエーションは必要ありません。だから、私はいつも同じ格好をしていることをよしとしています。というより、そういう印象をもたれるということは、自分のスタイルを確立できているということ。フランスのマダムみたいで、理想的なことだと思います。

いつも同じようだからといって、もちろん着たきり雀ではなく、少しずつ流行に沿ったラインのもの、そのときどきの自分に似合うものに〝買い替え〟はしています。買い足すのではなく、買い替えです。そして、それが似合ううちにおしみなく着倒す。その繰り返しのサイクルが、今の私のライフスタイルにはフィットしています。

自分に似合う色と素材をはっきりと意識する

私は昔から、ベージュに憧れをもってきました。今も大好きな色で、インテリアには取り入れています。でも、こと洋服となると、なぜか、うまくいかない。若い頃から、今度こそと願いながら、ベージュのアイテムにチャレンジしてきましたが、やっぱり似合わない。ベージュは、私のことを好きになってはくれないのです。そして、ついにあきらめ、片思いに終止符を打ちました。

人によって似合うもの、似合わないものがある。その冷静な判断が早くできていれば、たくさんの洋服を無駄にしなかったと思います。でも、この経験から似合うかどうかに、シビアに向き合うことの大切さを学びました。

素材も同様です。とろみのあるフェミニン系、シャッキリしたマニッシュ系、ほっこりしたナチュラル系など、人にはやっぱり似合う素材、似合わない素材があります。

似合わない色や素材を受け入れることは、無駄な買い物を減らし、日々のコーディネートをラクにしてくれます。

年齢を重ねるにつれて、似合うものが変わってくるのが目下の大問題。毎年、新しい季節がやってくるたびに、「この色にも裏切られた〜！」とひとりつぶやきながら、洋服と向き合います。引きの視点をもち、自分に対して厳しく、これからは似合う服だけを着ていたいと思います。

大人は装いにメリハリが必要

FASHION:

昔から言われるように、洋服にはＴＰＯがあります。大人の女性としては、時間、場所、そしてオケージョンに合った服装をしていたいと思っています。

仕事柄よく聞かれるのが、ギャラリーに行くときはどんな服装をすればいいかということです。私が意識するのは、アートを背景にしたときに浮かない格好であること。そして、ほかの人のアート鑑賞を邪魔しないこと。つまり派手すぎず、目立ちすぎず。ギャラリー巡りでは歩くことも多くなりますから、靴はフラットな歩きやすいものを選びます。スニーカーでもいいくらい。コツコツと音がするものは、アート鑑賞の邪魔になるので選びません。

という具合に、大人だからこそ、その場に応じて、理にかなう形で、ドレスアップ、ドレスダウン。メリハリをもって洋服を着ることを楽しむことにしています。近所の〝マルシェ〟に買い物に行くときには、デニムもはきますし、逆にあらまった席には、そのためにわざわざ購入をする勝負服を着ることも。その機会は、私が毎年、主催しているアートフェア。お客様を華やかにお迎えしたいから毎年洋服を新調します。そしてお客様もおしゃれを楽しみたくなるような、ちょっとした社交場になればいいなと願っています。

主催するアートフェアでのドレスアップ

お客様もおしゃれをしてウキウキしながら出かけたくなる場にしたいから、
私が年に1回主催する、アートフェアでは特別感を意識。
でも、アートを邪魔しないよう、基本はリトル・ブラック・ドレスです。

ギャラリーや美術館に行く際の格好

自分に似合う色を選んでいたら、〝白黒の人〟になりました。色がアートの邪魔もしません。

定番があることは、こういう人という印象をつけやすいと思っています。

ギャラリー巡りでは歩きやすいことを意識して、靴はいつもローヒールです。

近くに買い物に出かけるワンマイルウェア

農産物直売所など、近所のお買い物では、カジュアルに動きやすく。
外出着から着なくなったものをおろすのではなく、
ワンマイルウェアとして、あえて選んだものを着ます。

アクセサリーはシルバー主義。そして、大ぶり派

FASHION:

背が高く、骨格がしっかりしているためか、私には女性らしいきゃしゃなアクセサリーが似合わないと自覚しています。一方で、きゃしゃなものが似合う人に憧れもあって、ゴールドの繊細なアクセサリーを試してみたこともあるのです。若い頃はもとより、最後に試したのは、40歳も過ぎてから。でも、かわいすぎて、やっぱり、なんだか似合わない。体つきだけでなく、男性からはともかく、女性からだけはなぜか受けがいい性格とも、もしかしたら関係があるのかもしれません。私自身のキャラクターが持つ雰囲気も含め、完全にシルバータイプのようです。

もうひとつの理由は、私のファッションのベースが黒というのがあります。黒にゴールドを身につけると、私の体型や骨格のせいか、年齢的なものなのかわかりませんが、〝バブル〟感が漂う雰囲気になってしまうのです。というわけで、今の自分にいちばん合うのは大きめのシルバーのアクセサリーとはっきりと自覚。年齢を重ね、また似合うものが変わってきたと感じるまでは、〝ゴールド&きゃしゃ〟には、もう手を出さないと決めました。

アクセサリーに大ぶりなものを選ぶことが多いのは、すでに何度も書いているように、私

が引きの美学を大切にしているから。引いて見たときのバランスが取れていることを意識すると、自然にきゃしゃで小さいものより、大ぶりでガツンとしたものが多くなります。

日本人はインテリアでも、引きよりも寄りを意識しますが、ファッションもその傾向が強いように感じます。逆に欧米人は、引きのファッションだと耳にしたことがあります。だから、日本人は、肌のきめ細やかさや、しみやしわが少ないことを欧米人より重視し、欧米人は肌などにはそれほどこだわらない分、全身を引いて見たときの雰囲気がおしゃれに見えるのだと思います。どちらをより大切にするかは、人それぞれですし、もちろん両立できるにこしたことはありませんが、私は圧倒的に引きの美学派なので、自然と大ぶりのアクセサリーを身につけることが増えました。

ほぼ毎日、時計を身につけます。時計はスクエアフェイスのマニッシュなものなので、やっぱり大ぶりです。そして、毎朝、時計のついで、ピアスやバングルを身につける流れができています。つまり、ご近所の買い物レベルでもつけるので、シルバーのアクセサリーはそれくらい身近な存在です。だから、アクセサリーボックスは、寝室のドロワーの上に置き、時計もいっしょに収納。クローゼットにしまい込まないことで、いつでもさっと身につけられるようになりますし、はずしたときもすぐに元の場所に戻せます。

ピアスは必ず毎日つける

FASHION:

年齢を重ねたら顔の色つやは、どうしたってくすみがちです。だから、私は40歳を過ぎてから、毎日必ず、耳のおしゃれをするようになりました。顔のそばにキラッと光るものがあるだけで、顔色が明るくなり、華やぐと感じます。メイクに時間をかけるよりも、ずっとシンプルで簡単。食やインテリア同様、美容もシンプルでありたいと思っている私には、フィットするくすみ解消法です。

というわけで、40歳を過ぎてから、耳にピアスの穴をあけました。イヤリングでももちろんいいのでしょうが、毎日となると、ピアスのほうがずっと気軽です。顔のそばに光るものが欲しいのは、特別なおでかけのときだけでなく、近所の買い物のときだって同じ。ふだんの暮らしの中でつねに大きいイヤリングをするというのは現実的ではないので、小さめサイズのものでも紛失しにくいピアスのほうが日常使いしやすくなります。おかげで、日々つけることが習慣化。「今さら遅いかしら」とあきらめないでよかったと思っています。

小さいピアスはダイヤモンドを選びます。エステや高価な美容液にお金をばんばんかけるより、小さくても、ダイヤの〝キラッと効果〟は絶大です。

ネイルは単色塗りがエレガント

FASHION:

ネイルは、どんなときにも必ず塗っています。

今の仕事であるアートアドバイザーも、前職のインテリアコーディネーターも、お客様があっての仕事。もともと私は肌に自信がなかったこともあり、視線をそちらに向かせたくないという気持ちからネイルをするようになりました。今となっては、身だしなみを整えることの一環で、しないと落ち着きません。

15年以上、同じマニキュアリストのところに通っています。3〜4週間に一度は会う人なので、マニキュアリストとの相性は大切。体の末端こそ情熱のある人に委ねたいと思って、同じ方をずっと頼っています。仕事の夢も愚痴も語り尽くした相手であり、信頼している人です。そんな彼女いわく、マニキュアリストに依頼する人の多くは、凝ったデザインや多色づかいを希望されるのだとか。でも、私はあくまでも、単色塗り一筋です。

白、黒、グレーが多い私のファッションの唯一の差し色として、秋冬はシックな赤で通します。春夏はペディキュアだけ赤にして、手の指先は、グレーがかったベージュを。基本シーズン中は同じ色です。あくまでも私の主観ですが、シンプルこそがエレガントだと思っているので、色を変えることはあっても、単色塗りのルールは、これからも変わりません。

香り選びは、どう生きていきたいかの表現

ブルガリの「オ・パフメ オーテヴェール」。20年以上、この香りをまとっています。インテリアコーディネーターの先輩から教わって以来、それまで習慣になかった香りを毎朝つけるようになりました。「廃盤になったら、人生終わり!」と思うくらいに、これ一筋です。緑茶のノートもある、凛としたさっぱりした香り。オーデコロンなので持続性はありませんが、さりげないところが気に入っています。旅先で眠れないときは枕にシュッとすることも。私の精神安定剤です。

大げさかもしれませんが、香り選びは、その人がどう生きていきたいかの表現だと思います。もしくは、どう見られたいかの表明かもしれません。女性らしさを全開に生きていきたい方は甘い香りを選ぶでしょうし、セクシーでありたい人は、妖艶な香りを選びます。私がこの香りを選ぶのは、この香りのように、さっぱりと凛として生きていきたいと願っているから。ときになにかを根に持ったり、ドロドロとした黒い部分が自分の中に現れたり。人間なので、そんなこともあります。でも、この香りにふさわしく、かろやかに生きていきたい。そんな願いを持って、毎朝、この香りをまといます。

BVLGARI
Eau
Parfumée
au thé vert

人生最大級の棚卸し

今でこそ、「シンプルが信条」「季節のワードローブはスーツケース1個分が理想」「買い足すのではなく、買い替え」など、あたかも昔からそうだったかのように話している私ですが、じつは洋服や靴、バッグなどを埋もれるほど持っていたという過去があります。インテリアコーディネーター時代はとても忙しく働いていたこともあり、ストレス満載。そのはけ口として、さらには自己実現の証として、とにかく大量にものを買っていたのです。

でも、あるとき、「こんなにたくさんのものに埋もれたまま、死んでいくのかしら?」と、ものに対してわずらわしさを感じるようになってきました。持って歩くわけではないとはいえ、私はものすごくたくさんの〝荷物〟を持って生きていることに気がついたのです。それに目をつぶって気がつかないふりをするか、「これではダメだ」と一念発起するか。私は後者を選びました。人生最大級の棚卸しに着手したのです。その作業には3年かかりました。

棚卸しとは、在庫の数量を数え、その金額を明確にして把握すること。実際に数えたわけでも金額を出したわけでもありませんが、1個1個自分が持っている洋服、バッグ、靴=在庫とじっくり向き合いました。膨大な在庫を持ち続けると倉庫代がかかりますし、それらのものを管理するための時間的原資も必要です。今後の人生をもっとかろやかに生きていくためには、損切りが不可欠でした。はい、簡単にいってしまえば、大量のものを手放したのです。実際に計算をしたら立ち直れないくらいの金額だったかもしれません。

今は、この状態をキープするために、仕入れたり損切りしたりを小さく繰り返しています（つまり、買い足しではなく、買い替えをしている状態）。棚卸しをしたおかげで、どれくらい仕入れれば適正なのかが把握できるようになり、余計な買い物が減らせるようになりました。あの痛みを再び味わうのは辛すぎるので、買い物にも慎重になります。

棚卸しは、結局、自分の人生と向き合い、これからどう生きていきたいのかを自分に問う作業。一生懸命働いて、これぞと意志を持って選び、買ってきたものを手放すのは、ある意味、当時の自分を否定すること。大きな痛みをともないましたが、これからの人生、ものに支配されたまま生きていくのはいやという気持ちが勝ちました。棚卸し後の私の心はかろやかです。そして、以前よりおしゃれを賢く楽しめるようにもなっています。

棚卸しはしても、〝消費をするというわくわく感〟を手放したわけではありません。欲しいものがあって手に入れたいと思うことは、がんばるモチベーションにもなり、豊かなこと。ただ、もう抱え込まない、停滞させない。それだけは、ずっと意識していくつもりです。

秋のクローゼットの様子。見事に白、黒ばかりです。ほかの季節の洋服はあえてここに入れないことで、今着るべきものが一目瞭然になり、コーディネートもラクに。

靴はオールシーズンを通じてこれだけに。以前は「ムカデか！」というほど持っていましたが、実際履くものだけにしたら、ゆったり収納できる量になりました。

クローゼットの収納のこと

衣替えが不要なクローゼットが理想ともいいますが、私は3カ月ごとにしています。衣替えをするからこそ、洋服と向き合うことができ、死蔵の服をつくりません。次のシーズンが訪れる少し前に入れ替えをすると、着られるものが把握でき、必要なものがわかります。無駄買いを防げたり、じっくり似合うものを探せたりという効果があり、計画的な買い物ができます。

見渡せることがなにより大切なので、立てる収納

ハンガー収納の下にあるワイヤー式の引き出しにはニットやストールを収納。上から、全体を見渡せるよう立てているので、持っていることを忘れません。収納には基本、「無印良品」を愛用。ここには不織布の仕切りケースを。

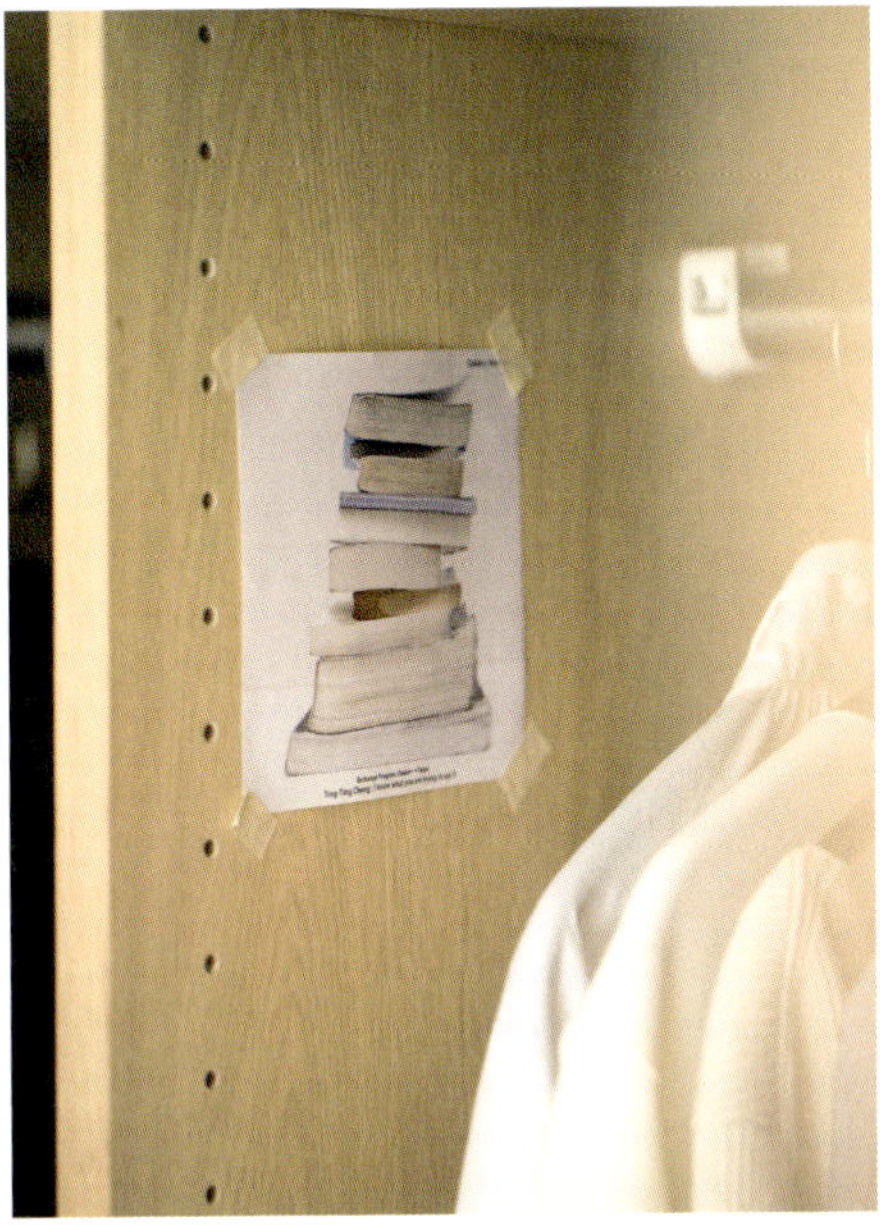

つねにきれいなものを
見ていたい

以前は大好きなアメリカ人俳優の
ポスターを貼っていましたが、
さすがに、卒業。
今は、ギャラリーから送られてきた
お気に入りのDMを
クローゼットの中に貼っています。
すぐれたデザインのものも多いので、
ちょっとの期間だけ楽しみます。

スカーフやベルトと同じ扱いの
アクセサリー

主張の強いアクセサリーは
ファッションアイテムと考え、
毎日つけるシンプルな
アクセサリーとは別にして
クローゼットの中に収納。
ベルトやスカーフと同じ感覚で
選ぶので、この場所が合理的。

コート1着分、バッグ1個分をアートに投資しよう、という提案

FASHION:

人生最大級の棚卸しを行ったのち、洋服、バッグ、靴への購買意欲は落ち着きました。もちろん、新たに購入することもありますが、以前に比べればぐっと控えめ。洋服に埋もれたような生活はもういいと思ったというのもありますが、今は、そんな予算があるなら、アートを買いたいという気持ちが強いのです。

頻繁に現代アートのギャラリーを見て歩き、私自身もアートを購入するようになったのは20年近く前からだと思います。当時は、仕事の忙しさに心がすさみ、人を憎んだり愚痴をこぼしてしまったり、自分のことながら、その頃の私は邪悪な人間だったかもしれません。でもそんな私がアートの前に立つたび、心が浄化されるような気分になりました。作品を見て心が躍る、涙が出そうになる。魂の震えのようなものを感じ、確実に私の心を癒してくれたのです。〝アートは魂を救済する〟と本気で信じるようになりました。

また、インテリアの章でも書いたように、ひとつだけであっても、アートを暮らしに取り入れるだけで、家をきちんと整えたくなったり、ほかのインテリアにも気をくばるようになったり、プラスの作用をたくさん実感しました。

身をもって、そんなことを感じている私だから、上質なオーラをまとうために、提案があります。コート1着分、バッグ1個分をアートに投資してみませんか？

〝アートを暮らしに〟と提案すると、「アートは高いから無理」と言われてしまいがち。でも、例えば、200万円はくだらないだろうと一目でわかるバッグを持ちながら、20万円のアートの前で高いという。なんともバランスが悪いことのような気がしませんか？　もちろん、もともとそんな高いバッグは買っていない人がほとんどだと思いますが、それなりに年齢を重ねた方なら、たぶん、バッグやコートも、どちらもすでに十分持っているはず。それなら今年は新調するのはあきらめて、その予算をアートに回すのはどうでしょう。若手のアーティストの小さな作品なら、数万円ほどから購入できます。ふだんのコートやバッグの予算とそれほど変わらないところから、アートとの暮らしは手に入るのです。

コートの予算よりほんの少し奮発するのがおすすめ。より大事にしますし、いっしょに暮らすときに、いい意味での緊張感が生まれ、プラスの作用が増します。コートやバッグと違って、持って歩いて人に見せるわけではないですが、確実に私たちに新たなオーラをまとわせる存在になってくれます。私は衣・食・住、そしてアートをすべてバランスよく楽しみたい。そう意識することこそが、日々センスを磨いてくれると感じています。

おわりに

この本の出版が決まったのは、発売のほぼ1年前のことでした。
すぐに撮影準備に入るのかと思いきや、しばらくは待機状態に。
出すと決めた以上、すぐにでも取りかかりたい気持ちだったので、
正直、ちょっと拍子抜けでもありました。
でも、今考えると、この時間は私に必要なものでした。
どうして、私はライフスタイルの本を出すのかを自分に問い、
自分の暮らしについて改めて考え直す。
絶好の機会を与えてもらいました。
今、日本で、アート、現代アートのことを語るとき、
アートに精通する人には、それがゆえの優越感、スノッブ感が
多かれ少なかれ、ある気がします。
私自身、アートを追いかけ、仕事の中心にすえるようになり、
アートはなによりも崇高なものと思うようになっていました。
もしかしたらスノッブ感さえ、漂わせていたかもしれません。

それこそが、アートに対しての垣根をつくっているというのに。
この本では、衣・食・住・アートをすべて並列に語っています。
アートの世界の方は、そのことを不満に感じるかもしれません。
でも、アートは、暮らしすべてを抜きにしては語れません。
空白の半年は、そんな原点を思い出させてくれました。
この本が、衣・食・住・アートすべてに目を向け、
センスを磨きながら暮らすことのきっかけになれば、
これほど、うれしいことはありません。
最後に、この本を手に取ってくださった方、
この本を形にするのに携わってくれたすべてのみなさま、
そして、陰に日向に支えてくれた友人&家族に
心から感謝申し上げます。

――奥村くみ

Staff

撮影／森山雅智
アートディレクション／藤村雅史
デザイン／高橋桂子
企画・編集協力／加藤郷子
写真提供／〈P30〜31、P94〜95〉取材ご協力店
〈P78〜79〉奥村くみ
校正　東京出版サービスセンター
構成・編集　杉本透子
編集　八代真依（ワニブックス）

日々、センスを磨く暮らし方

著者　奥村くみ

2017年12月20日　初版発行

発行者　横内正昭
編集人　青柳有紀
発行所　株式会社ワニブックス
〒150-8482
東京都渋谷区恵比寿4-4-9　えびす大黒ビル
電話　03-5449-2711（代表）
03-5449-2716（編集部）
ワニブックスHP　http://www.wani.co.jp/
WANI BOOKOUT　http://www.wanibookout.com/

印刷所　凸版印刷株式会社
DTP　株式会社オノ・エーワン
製本所　ナショナル製本

ISBN 978-4-8470-9599-3